Félix Lope de Vega y Carpio

Contra valor
no hay desdicha

Barcelona **2024**
Linkgua-ediciones.com

Créditos

Título original: Contra valor no hay desdicha.

© 2024, Red ediciones S.L.

e-mail: info@linkgua.com

Diseño de cubierta: Michel Mallard.

ISBN tapa dura: 978-84-9953-941-6.
ISBN rústica: 978-84-9816-169-4.
ISBN ebook: 978-84-9897-170-5.

Sumario

Brevísima presentación

La vida

Félix Lope de Vega y Carpio (Madrid, 1562-Madrid, 1635). España.

Nació en una familia modesta, estudió con los jesuitas y no terminó la universidad en Alcalá de Henares, parece que por asuntos amorosos. Tras su ruptura con Elena Osorio (Filis en sus poemas), su gran amor de juventud, Lope escribió libelos contra la familia de ésta. Por ello fue procesado y desterrado en 1588, año en que se casó con Isabel de Urbina (Belisa).

Pasó los dos primeros años en Valencia, y luego en Alba de Tormes, al servicio del duque de Alba. En 1594, tras fallecer su esposa y su hija, fue perdonado y volvió a Madrid.

Entonces era uno de los autores más populares y aclamados de la Corte. La desgracia marcó sus últimos años: Marta de Nevares una de sus últimas amantes quedó ciega en 1625, perdió la razón y murió en 1632. También murió su hijo Lope Félix. La soledad, el sufrimiento, la enfermedad, o los problemas económicos no le impidieron escribir.

Personajes

Ciro

Arpago

El rey Astiages

Evandro

Fineo

Albano

Filis, dama

Flora, villana

Bato, gracioso

Mitrídates

Riselo

Silvio

Un Capitán

Un Criado

Villanos

Músicos

Soldados

Acompañamiento

Jornada primera

(Ciro y Mitrídates, los dos en hábito de villanos.)

Mitrídates   Quitarte tengo la vida.

Ciro   Tened, padre, la cayada;
                    que la sufro, levantada,
                    pero no podré caída.

Mitrídates   ¡Tú tienes atrevimiento
                    para responderme así!

Ciro   Más sufrimiento hay en mí,
                    que hay en vos entendimiento.

Mitrídates   Acabóse: ya perdiste
                    la vergüenza; mas ¿perder,
                    Ciro, cómo puede ser,
                    cosa que nunca tuviste?

Ciro   ¿Qué causa os he dado yo
                    para tratarme tan mal,
                    si este valor natural
                    conmigo mismo nació?
                        Un honrado pensamiento,
                    que me habéis de agradecer,
                    ¡viene con vos a perder
                    su justo merecimiento!
                        Padre, ne, penséis que vos
                    solo mi artífice fuistes;
                    porque si el cuerpo me distes,
                    las almas infunde Dios.
                        Este pensamiento honrado

nace del alma; y así,
lo que Dios infunde en mí,
¿cómo puede ser culpado?

    Corta un escultor un leño
y señala una figura,
que acabar después procura
por las líneas del diseño.

    Este leño os debo a vos,
figura muda y en calma;
que la perfección del alma,
solo se la debo a Dios.

    Si traigo de la ciudad
algunos libros que leo,
decís que mi vida empleo
en tan loca vanidad;

    si lo que dellos aprendo
escribo, os da tal cuidado
que virtuoso os enfado,
y hombre de bien os ofendo.

    ¿Todo ha de ser cultivar
la tierra y seguir dos bueyes?
¿No tienen los dioses leyes
para saberlos honrar?

    ¿No es bien saber los secretos
naturales de las cosas
a la labranza forzosas
para acertar los efetos?

    ¿Qué se pierde por saber
el celestial movimiento?

Mitrídates   Ese desvanecimiento,
Ciro, te ha echado a perder.

    Esas guerras que has leído,
y esos amores, te han hecho

caballero a mi despecho,
y por tu daño, atrevido.
 Todas estas caserías
quieres gobernar; muy necio,
haces de todos desprecio:
tales pensamientos crías.
 Vive Filis esta aldea,
de Arpago hermana, privado
del rey, por no dar cuidado
a su madrastra Dantea;
 Y siendo tan principal,
la sirves, y eres contrario
de nuestro príncipe Dario:
¿puede haber locura igual?

Ciro Padre, si a Filis serví,
no toda la culpa fue
mía; que no la miré
sin que me mirase a mí.
 Nace de habernos criado
juntos este noble amor.

Mitrídates Tan grande competidor,
Ciro, me pone en cuidado;
 que el peligro a que te pones
es el que debo temer.

Ciro Yo me sabré defender
con excusar ocasiones
 en que le pueda dar celos.

Mitrídates De tu discreción lo fío.

Ciro Id seguro, padre mío.

Mitrídates	Guarden tu vida los cielos.

(Vase.)

Ciro	Las altas luces, despeñado en ellas,
	para que con sus rayos se confronte,
	en el carro del Sol pisó Faetonte
	con los diamantes de sus ruedas bellas.
	Del fulgurante ardor formó querellas
	del Erídano claro el horizonte,
	viendo correr por el celeste monte
	extraño Sol, atropellando estrellas.
	Así, mi dulce pensamiento honrado,
	¿quién te podrá negar que al Sol subiste,
	aunque mueras de Filis abrasado?
	Con gloria mueres si atrevido fuiste;
	pues ya que no eres Sol, has confirmado,
	muerto en el cielo, que del Sol naciste.

(Bato.)

Bato	¡Gracias a Júpiter santo
	que vengo a topar contigo!
	¿Dónde estabas?
Ciro	Bato amigo,
	canséme de esperar tanto.
Bato	Los árboles uno a uno
	he contado por el prado
	buscándote, y no he dejado
	valle ni pastor ninguno
	sin preguntalles por ti.

Ciro   ¿Qué hay de Filis?

Bato   Que salía
hoy para alegrar el día,
y el alba en sus ojos vi.
    Di luego la norabuena
a la selva; y a la fe,
que donde estampaba el pie
quedaba de flores llena.
    Cantaban los ruiseñores
de árbol en árbol a coros,
y los arroyos sonoros
los bajos entre las flores.
    Llegué con mi reverencia,
y la dije: «Venus bella
te guarde, aunque de su estrella
le ofenda la competencia».
    Y ella, que apenas con risa,
«Bien vengas», me respondió,
del clavel con que me habló
cerró las hojas aprisa;
    que, a tardarse, no lo ignores,
tan bellas perlas mostrara,
que el alba se las tomara
para aljófar de las flores.

Ciro   Parece que se ha mudado
tu rústico entendimiento.

Bato   ¿No has visto, en el aposento
que el príncipe Dario ha entrado,
    quedar olor por un rato
del guante de ámbar? Así,

en después que a Filis vi,
has de imaginar a Bato;
   porque habrá sido ocasión,
si estoy discreto contigo,
que traigo, el ámbar conmigo
de su rara discreción.
   Mas aunque agora me precio
de discreto embajador,
luego que cese el olor
verás que me vuelvo a necio.

Ciro   ¡Oh, Bato, mil años goces
la nueva sabiduría;
que aún te dura todavía
el ámbar, pues te conoces!
   Pocos hombres hallarás
que conozcan lo que son;
pero es esta imperfección
piedad del cielo en los más.
   Con esto, cielos, hicistes
que no haya tales desprecios;
que a conocerse por necios,
muchos anduvieran tristes.
   ¿Dístele mis versos?

Bato   Di
tus versos.

Ciro   Y ¿los leyó?

Bato   Los leyó y agradeció.

Ciro   Y ¿qué te dijo de mí?

| Bato | Que se admiraba de ver |
| | tan honrados pensamientos. |

Ciro	El estar tan desatentos,
	daño nos pudiera hacer.
	Ella pasa por el prado:
	si en la fuente se detiene,
	yo, ¿la hablo?

| Bato | Hablaron hombres |
| | mortales diosas: ¿qué temes? |

(Filis.)

Ciro	A tu pie, Filis divina,
	dice Bato que florecen
	las selvas; yo, que las haces
	campo de estrellas celestes.
	No espera la blanca aurora,
	en el nido donde duerme
	el pájaro, con más ansias
	para ver las ramas verdes
	que tiñe de horror la noche
	y en mudo silencio envuelve,
	que yo tus hermosos ojos.

Filis	Ciro discreto y valiente,
	Dario vino de la corte:
	peligro en hablarme tienes.
	Mira que estimo tu vida.

| Ciro | Si tanto la favoreces, |
| | tendréla en mucho por ti. |

| Filis | A tus nobles partes debe |
| | este amor mi obligación. |

Ciro	Si desa suerte engrandeces
	un villano como yo,
	no será mucho que piense
	que estas selvas, estos montes,
	a ver los amores vuelven
	de Endimion y la Luna,
	permitiendo que contemple
	los rayos de tu hermosura,
	que el primer cielo enriquecen,
	la humilde bajeza mía.
	¡Ay, cielos! ¿Qué culpan tienen
	las almas de que los cuerpos
	naciesen humildemente?
	El cielo no pudo errar
	la infusión del alma: advierte
	que en ella están las virtudes,
	por quien el cuerpo merece.
	Mírame todo por alma,
	de la manera que suele
	mirar las perlas el alba
	por el agua transparente,
	sin reparar en la concha
	que les dio, cauta, a los peces,
	naturaleza por arma
	que las cubre y las defiende.
	Alma soy, Filis: el alma,
	por inmortal, te merece,
	y prenda que con los dioses
	en la eternidad conviene.

| Filis | Ciro, si mi hermano Arpago |

y mi fortuna quisieren
disponer de mí, te doy
la palabra... Escucha...

(Hablan bajo. Flora, sin ser vista de Ciro, Bato ni Filis.)

Flora (Aparte.)   (¿Puede
llegar a más mi desdicha?
¿Puede el rigor de mi suerte?
Hablando están... ¿Qué lo dudo?
¡Oh Filis, si tú supieses
qué es celos, dudo que amor
te dispusiese a ofenderme!
Celos es enfermedad
que el mismo que la padece,
con vergüenza de decirla,
no quiere, que la remedien.
Pero yo, ¿por qué me quejo,
cuando Ciro me aborrece,
cuando de verme se espanta,
cuando mi nombre le ofende?
Pero pienso que es la causa
que más en el alma duele,
ver que Ciro quiera a Filis,
que no el ver que no me quiere.
Pidiéndola está un favor,
y le dio una cinta verde,
para mis celos azul.
¡Mal fuego la cinta queme!
¡Mal fuego el favor abrase!
Y si lo invisible puede,
queme también la esperanza.
Ya se va. ¡Cielos, tenedme!)

Ciro
Estaré, Filis divina,
siempre a tu gusto obediente;
que en tanta desigualdad,
el alma que favoreces
apenas me da palabras
con que pueda agradecerte
la esperanza desta cinta,
dulce prenda, lazo fuerte,
que hará que mi obligación
dure en ella eternamente.
Yo me voy; tú, Bato amigo,
ven conmigo, y no me dejes;
que si hay muertes para tristes,
también las hay para alegres.

Bato
¡Oh, Ciro! ¡Plega a los cielos
que este favor no te cueste,
cuando, no. la vida, el seso!

(Vanse Ciro y Bato.)

Flora
¿Dasme licencia que llegue
para hablarte dos palabras?

Filis
¡Oh Flora! ¿En qué te detienes?
Yo soy tu amiga.

Flora
Y yo soy
tu esclava. Escucha.

Filis
¿Qué quieres?

Flora
Filis, hoy hace dos años
que, para tantos enojos,

18

en Ciro puse los ojos,
como él mí sus engaños.
Referirte aquí los daños
que me ha costado llegar
a merecer sujetar
su rigor a mis querellas,
será contar las estrellas
o las arenas del mar.
    Finalmente, me quería
por dejarme de querer;
que tanto suele vencer
una amorosa porfía.
En estas selvas hoy día
suenan fuentes, viven flores,
testigos destos amores;
pero hay, Filis, voluntades
que no llegan a verdades
y se quedan en favores.
    Después, Filis, que viniste
de la corte a nuestra aldea,
celos me mandan que crea
que de mi mal causa fuiste.
Veneno pienso que diste
desde tus ojos a Ciro.
Ya se enfada si lo miro:
tanto me pierde el decoro,
que se aburre si le adoro,
y me llego y me retiro.
    Está ya tan caballero,
el que era ayer labrador,
que le respeto señor
y cortesano le quiero.
De tu discreción espero
que de sus locos intentos

vengarás mis sentimientos;
que pierdes de lo que vales
si a prendas tan desiguales
humillas los pensamientos.

Filis   Flora, esa misma razón
te ha de obligar a pensar
que yo no le pude dar
para quererme ocasión.
Su buena conversación,
mi soledad entretiene;
mas si a darte celos viene,
mira que es necio rigor
pensar que de mi valor
alguna esperanza tiene.
    Ciro, entre esta humilde gente,
es un mancebo entendido,
a los demás preferido
por lo discreto, y valiente;
pero no creas que intente
en público ni en secreto
perderme, Flora, el respeto;
que ese día, fuera poco
que castigara por loco
a quien escucho discreto.
    Pero toma en tus desvelos
un cuerdo consejo agora:
y es, que nunca pidas, Flora,
de tu amor a nadie celos,
porque de aquellos recelos
y las penas que refiere,
que lo merece se infiere;
y siéndonos natural
la envidia, por hacer mal

queremos lo que otra quiere.
    Así que pedir te asombre
celos, aunque haya razón,
que es dar imaginación
de los méritos de un hombre;
que la de más casto nombre
quiere ver lo que no viera
sin la celosa tercera;
y si lo estorban el ver,
por tema querrá querer
lo que le quitan que quiera.

(Vase.)

Flora   ¡Por qué notable camino
castigó mi atrevimiento!
Despertó su pensamiento
mi celoso desatino.
Tarde su consejo vino,
y vino mi muerte en él;
mas no piense la cruel
salir con lo que desea,
que he de revolver la aldea
si la vuelvo a ver con él.

(Vase. Ciro, Bato, Albano, Riselo, Silvio y villanos.)

Albano   Ciro ha ganado a todos.

Bato   ¡Víctor, Ciro!

Ciro   La honra os agradezco:
que bien sé que por mí no la merezco.

Riselo	La ligereza, como el salto, admiro.
Silvio	Valiente ha sido de la barra el tiro.
Albano	No hay mozo que igual sea a Ciro en el aldea.
Bato	Si no soy yo, que lo que habéis saltado, miré sentado en la mitad del prado.
Albano	Solo resta luchar.
Ciro	Pues si hay quien quiera, con los brazos abiertos Ciro espera.
Bato	Yo lucharé contigo.
Ciro	Mira que soy tu amigo. Pero ven con un brazo.
Bato	Para darte un abrazo.

(Lucha Ciro con Bato.)

Silvio	Con Bato dio en el suelo, asiéndole del brazo solamente.
Bato	Una costilla me ha quebrado. ¡Ay, cielo!
Ciro	Ea, persiana juventud valiente, ¿quién lucha? ¿Quién me tuerce aqueste brazo?
Bato	No yo, que estoy sin mí del batacazo.

Ciro	Bato, dame esa mano si ver quieres milagros.
Bato	Temo que de hierro eres.
Ciro	Muestra, no temas.
Bato	¡Ay, que me ha quebrado la mano!
Ciro	¿No hay, mancebos, en el prado quien luche, corra, salte o quien esgrima?
Riselo	A todos desanima tu fuerza, ligereza y gentileza. Mas justo es coronarte la cabeza deste verde laurel, que envidie Apolo, por siempre vencedor, único y solo.
Albano	Tu digna frente adorne,

(Pónenle una corona de laurel.)

para que cuando del ocaso torne,
en sus amadas hojas amanezca.

Riselo	¿Quién hay que, como tú, el laurel merezca?
Bato	Hagamos algún juego ya que estás coronado, porque luego celebremos alegre tu victoria.

Ciro	Juguemos al reinar con la memoria deste laurel divino.
Albano	Pues ¿quién ha de ser rey?
Bato	Yo.
Albano	¡Desatino!
Ciro	Echad suertes, mancebos generosos, y a quien la suerte caiga obedeciendo, el juego podréis ir enteniendo.
Silvio	Si fuera por los hechos valerosos y por la dignidad de tu persona, tú solo merecieras la corona.
Riselo	El que dijere tres cosas las más fuertes, que ése salga por rey.
Ciro	Bien dice Riselo, y comience Silvio.
Silvio	Vaya. La cosa más fuerte digo que es la fortuna, contraria para todas sus acciones, en un discreto que calla. La necesidad es fuerte, pues obliga a cosas bajas; y la muerte, pues los reyes son hierba de su guadaña.

Ciro	Diga Albano.
Albano	La porfía
	la ambición, que nunca para,
	y el diamante, pues que solo
	con otro como él se labra.
Ciro	Diga Riselo.
Riselo	La mar
	con tormenta, o cuando baja
	el rayo, rompiendo, el viento,
	a dar en sus torres altas;
	y sin temor de los dioses,
	un tirano de su patria.
Ciro	Diga Bato.
Bato	La más fuerte
	es la que a los hombres saca
	de sentido, que es el vino,
	tan poderoso monarca
	que hace a muchos de su nombre
	que en diversas lenguas hablan;
	y con dormir siempre en cueros,
	entre la nieve y escarcha,
	jamás amanece helado;
	pues si un hombre se desmaya,
	con un traguito de gloria
	vuelve lo amarillo en grana.
	La hambre es cosa muy fuerte;
	y porque de veras haya
	alguna cosa, es la honra,
	si la tiene a quien agravian.

Albano	Diga Ciro.

Ciro

                       Lo más fuerte
que en el cielo y tierra se halla,
es la voluntad, divina
forma en la materia humana;
el amor, en cuyo triunfo
tantas letras y armas tantas
y tantas coronas rinden
libros, laureles y palmas.
La mujer y su hermosura
son fortaleza que basta
a rendir los altos dioses,
de quien en historias tantas
desde el principio del mundo
sangrientas memorias hablan.

Albano   Ciro venció.

Bato   ¡Víctor, Ciro!

Silvio   El sacro laurel que enlaza
su frente, con verde auspicio
pronosticó su esperanza.
Hincad todos la rodilla.

Albano   ¡Viva el rey!

Todos   ¡Viva!

Ciro   Por tanta
fiesta, vasallos, hoy queda
mi voluntad obligada.

Yo os haré merced a todos.

Bato   ¡Oigan qué presto nos manda,
con ser rey por madurar!

Riselo   Siéntate sobre estas ramas.

Ciro   Quien ha de velar, vasallos,
una república varia
de guerra y paz, no es razón
que se siente.

Bato   ¡Buena entrada!
Pues ¿ha de ser grulla un rey?

Ciro   Pues ¿qué labrador trabaja
como un rey? Y yo he leído
que un sabio a los reyes llama
de la república esclavos,
y que por eso se pagan
las rentas, que se le deben
por ley divina y humana.

Albano   Ya somos vasallos tuyos.
¿Qué mandas?

Ciro   Quiero dar traza
en lo que importa al gobierno
de mi reino y de mi casa.
Tener un amigo es fuerza;
quien esto niega se engaña,
porque yo no puedo solo
gobernar provincias tantas.
Quiero que éste Albano sea;

que lo que el rey quiere y ama,
no lo ha de escoger el pueblo,
sino su gusto y su gracia.

Albano   Beso tus manos mil veces.

Ciro   Mi capitán de la guarda
será Silvio.

Silvio   Soy tu esclavo.

Ciro   Mi presidente en la sala
de mis Consejos, Riselo,
pues la falta de las canas
suplirá su entendimiento.

Bato   Luego ¿a mí no me das nada?

Ciro   Mi secretario has de ser.
Despachos, decretos, cartas
y audiencias, corran por ti.

(Fineo.)

Fineo   Ciro, tu padre te llama:
deja las fiestas y juegos.

Riselo   Con más respeto lo habla.
Hinca la rodilla en tierra:
mira que la mano alarga
porque se la beses.

Fineo   ¡Yo!
Un tigre puede besarla.

Astiages es mi rey;
que de Ciro la arrogancia
ya debe de ser locura.

Bato   ¡Al rey desa suerte tratas!

Ciro   Presidente...

Riselo   Gran señor...

Ciro   De pies y de manos ata
este villano a aquel roble,
y hasta que la sangre salga,
dos labradores le azoten.

Riselo (A Fineo:)   Camina.

Fineo   ¿Sabes que hablas
con un hijo de un criado
del rey?

Riselo   ¿Para qué te cansas?
Mándalo el rey, y ha de ser.

Fineo   ¿Qué rey o qué calabaza?

Ciro   Llevadle de aquí.

Riselo   Camina.

Fineo   ¿Hay tal insolencia?

Riselo   Calla.

(Riselo y otros villanos se llevan a Fineo.)

Ciro   Vasallos, ya tengo edad
        para casarme.

Bato   ¿Eso tratas
        tan presto?

Ciro   A la sucesión
        importa, para que vaya
        en aumento mi corona,
        y porque a la guerra salga
        en teniendo quien me herede.
        Pero decidme: ¿qué dama
        estará mejor al reino?

Albano   Lucinda es bella zagala.

Ciro   Es necia, y saldrán mis hijos
        necios.

Albano   Pues ¿salen del alma?

Silvio   Aunque morena, es hermosa
        y discreta Felisarda.

Bato   No la quieras, porque tiene
        una madre temeraria,
        vieja, loca y socarrona.
        Mejor me parece Antandra.
        sino que es un poco roma.

Albano   Belisa tiene mil gracias.

Bato	Belisa es flaca.
Albano	¿Qué importa?
Bato	¿No importa una reina flaca? A Semíramis, Camila y otras, las pintan las caras como un tamboril, a quien la nariz sirve de flauta.
Ciro	Si os digo verdad, vasallos, solamente a mí me agrada la hermana de Arpago, Filis.
Bato	¡Oh, qué graciosa arrogancia! ¡Siendo hija de un privado del rey!
Silvio	Flora se olvidaba... pero ella viene.
(Flora.)	
Flora	¿Qué es esto, Ciro? ¿En qué locuras andas? A Fineo, dos pastores, atado al tronco de una haya, le han dado tantos azotes que el suelo de sangre baña. Dícenme que te haces rey; eso solo te faltaba. Filis te ha quitado el seso.
Bato	Mira, Flora, cómo hablas,

que te mandará azotar
si le replicas palabra.

Ciro   En las cosas de los reyes.
Flora necia o avisada,
ningún discreto se meta.
Yo lo mando, y esto basta.

(Vase.)

Flora   ¿Hay semejante locura?

Bato   Flora, mucho te adelantas.
Tres cosas te importan, Flora,
si quieres morir lograda,
que en tres palabras se encierran.

Flora   ¿Y son?

Bato   Oye, mira y calla.

(Vanse. El rey Astiages y Arpago.)

Rey   Hoy hace algunos años, noble Arpago,
que vi mi reino libre, con mi vida,
de la desdicha del fatal estrago,
por los sabios de Media prometida.
A Júpiter divino satisfago
la sucesión que reparé perdida,
con víctimas, por quien, deshecho en llanto,
mancho las aras de su templo santo.
Sueños me atormentaban cada día;
ya, gracias a los dioses, me dejaron
sombras que nuestra antigua monarquía

al imperio de Persia trasladaron.
Casé a Mandane, sucesora mía
(tanto los adivinos me obligaron),
con el hombre más bajo que hallar pude,
porque a los hados el decreto mude.
    Y no solo con esto satisfecho,
a mi primero nieto eché a las fieras,
en cuyos dientes rígidos deshecho

(Aparte.)
(no salgan mis sospechas verdaderas.
Los altos cielos inmortal han hecho,
como en su cielo están las once esferas,
mi reino en Darío, pues de aquí se arguye
que eterno en su valor se constituye).

Arpago
    Aplacar a los dioses, sacro Astiages,
es inviolable ley contra sus iras:
así corren del mundo los linajes,
que tantos siglos propagados miras.
Con esto, sin mudanzas, sin ultrajes,
de mármoles fabrica eternas piras
la sucesión de la imperial corona,
desde la fría a la abrasada zona.
    Muerto aquel niño, que cumplió a los hados
el decreto cruel contra tu imperio
de quitarte el laurel, y los sagrados
cercos romper con tanto vituperio,
pacíficos quedaron tus cuidados
(que fue del cielo singular misterio),
y asegurada la fortuna adversa
de trasladar de Media el reino al persa.

(Evandro y Fineo.)

Evandro
    Si no castiga, señor,

tu justicia esta maldad,
ociosa la majestad
tendrá suspenso el valor.

   Pues has sido padre, advierte
qué sentirán mis enojos
mirando a un hijo a mis ojos
maltratado desta suerte.

   Un mozuelo, labrador
del monte en que tus ganados
tengo, con bríos soldados
y corazón de traidor,

   fingido en un juego rey,
mi hijo mandó azotar
porque no quiso guardar,
siendo de burlas, su ley.

   ¡Vive Júpiter sagrado,
que, como no le castigues,
a poner fuego me obligues
al monte en que se ha criado!

   De agraviado el seso pierdo,
y con los locos me igualo.
Soy padre, y no hay hijo malo;
es hijo, y no, hay padre cuerdo.

   Mas fío de tu piedad
que vengarás su malicia;
que en la paz y la justicia
consiste la majestad.

Rey   ¡Por los dioses soberanos,
que me has causado temor!
¡Rey fingido un labrador!
No son pensamientos vanos;

   porque no sin fundamento
en hombre tan bajo y vil

cupiera lo varonil
de tan alto pensamiento.
Dime, mancebo, su nombre.

Fineo

Ciro se llama, señor.

Rey

¿Es fuerte? ¿Tiene valor?
¿Es bien hecho? ¿Es gentil hombre?

Fineo

Es tal, que en su compostura
trasladó naturaleza,
de Alcides la fortaleza,
y de Adonis la hermosura.
Ni hay hombre en toda la aldea
que no le tema, señor,
ni por fuerza o por amor
moza que suya no sea.
El goza, sin que con él
ruego o justicia aproveche,
de las ovejas la leche,
de las colmenas la miel.
El come lo que no ara,
y coge lo que no siembra;
un oso a brazos desmiembra,
y una tigre desquijara.
Verdad es que, por lo hablado,
es apacible y discreto.

Rey (Aparte.)

(¡Cielos! ¿Si es éste mi nieto,
que habéis, por mi mal, guardado
para quitarme el imperio?
mas quiero disimular;
que mandarle yo matar
y vivir, no es sin misterio.

35

Parte con Evandro, Arpago,
y a Ciro me trae. ¿Qué estás
suspenso?)

Arpago   Ya voy.

Rey   Verás,
Evandro, si satisfago
   con mi ofensa tu venganza.

Evandro   Así lo espero, señor.

Rey (Aparte.)   (¡Cielos, quitadme el temor,
   pues que me dais la esperanza!)

(Vanse. Ciro, Albano, Silvio, Bato y villanos, de soldados, con chuzos, espadas
y banderas.)

Ciro   Parad, soldados, aquí
   para que la reina os vea.

Albano   ¿Qué reina? ¿Estás en tu seso?

Ciro   Pues ¿ha de haber rey sin reina?

Silvio   Mira que se ha de enojar
   de ser reina.

Ciro   No lo creas;
   demás de que esto es de burlas,
   y Filis es muy discreta.

Bato   Yo la dije esta mañana
   que querías hacer guerra

a los vecinos mancebos
de la contrapuesta aldea,
no solo para enseñarte,
mas por castigar la afrenta
de entrarse por nuestras viñas
y disfrutar nuestras huertas.
Díjela cómo cazaban
por las vedadas dehesas,
con redes nuestros conejos,
nuestras perdices con percha,
y parecióle muy bien.

Ciro Juega, Albano, esa bandera
con aire y donaire.

Albano ¿Cómo?

Ciro Mírame a mí.

Albano Toma.

Ciro Muestra.
Toca a rebato la caja,
pon el pie desta manera,
(Juega la bandera.) y vuelve y revuelve.

Albano ¿Quién
te enseñó?

Ciro Naturaleza.

(Mitrídates en la calle, Filis a la ventana.)

Mitrídates ¿Qué es esto, loco? ¿Qué haces?

Suelta la bandera, suelta.
¿No hay más que quitar de casa,
esta cortina de seda,
que dejó olvidada Evandro?
Rómpela, y vendrán por ella,
y será buena disculpa
que en tus locuras la empleas.

Ciro   Padre, temerario andáis
conmigo.

Mitrídates   Déjala, deja.

Ciro   Por Dios, que creo que habemos
de atropellar la obediencia.

Filis   Dádsela, Ciro; que yo
daré una cortina nueva,
que en la bandera pongáis.

Ciro   En un libro de una guerra
he leído que es deshonra
que la bandera se pierda.
Mi padre se irá en buen hora,
y vos, mi dueño y mi reina,
veréis en esta campaña
cómo su ejército ordena
este capitán de amor
que hoy en serviros se emplea.

(Arpago, Evandro y Fineo.)

Arpago   ¿Cuál es Ciro?

Fineo	Aquel que tiene en la mano la bandera.
Filis (Aparte.)	(¡Mi hermano! ¿A qué viene al monte? Irme quiero, no me vea.)

(Quítese de la ventana.)

Arpago	¿Eres Ciro?
Ciro	Yo soy Ciro.
Arpago	¿Qué gente de guerra es ésta?
Ciro	Los mozos deste lugar, que para tiempos de veras se ejercitan en las burlas. Por eso, cuando se ofrezca en qué sirvamos al rey, no hayáis miedo que nos vean bisoños, sino enseñados.
Arpago	¿De qué doctrina y escuela has aprendido a ordenar, Ciro, ese campo, que llevas, y que tan diestro conduces?
Ciro	Naturaleza me enseña la inclinación; lo demás he aprendido de un poeta que arte militar escribe.
Arpago	El rey te llama: no seas rebelde a su mandamiento.

Ciro
        Por dicha le ha dado quejas
de mí el padre dese mozo;
y supuesto que pudiera
defenderme con mi gente
de que castigarme pueda,
no quieran los dioses, no,
que a la corona suprema,
aunque aventure la vida,
el justo respeto pierda.

Mitrídates
        Oye, Ciro.

Ciro
                ¿Qué queréis,
padre?

Mitrídates
        Escucha.

Ciro
        Si es que tema,
perdonadme.

Mitrídates
        Si allí vas,
hijo, no espero que vuelvas.

Ciro
¿Por qué?

Mitrídates
              Yo sé la ocasión.

Ciro
        Si me echasen a las fieras
o me diesen dos mil muertes...

Mitrídates
        Pues no pienses que me dejas,
que allá tengo de ir contigo.

Ciro	Matarán las dos ausencias a mi madre.
Mitrídates	No lo excuso.
Ciro	Dejad, soldados, la guerra, deponed todos las armas. Tú, Bato, avisa a la reina de que se va el rey de burlas porque le llama el de veras.

Fin de la primera jornada

Jornada segunda

(El rey, Arpago y acompañamiento.)

Rey

¿Tan obediente ha llegado,
Arpago, el fingido rey?

Arpago

Merece, por justa ley,
la muerte si está culpado;
   pero cuando a pensar llego
que esta villana invención
no ha sido conspiración,
sino solo burla y juego,
   libre le siento de culpa,
y el venir sin resistencia
declara más su inocencia.

Rey (Aparte.)

(Mi temor no le disculpa.
   No me atrevo a declararme
con éste, porque he pensado
que le disculpa culpado
para volver a engañarme.
   No ha de penetrar mi intento
hasta que sepa si ha sido
cómplice en el rey fingido.)

Arpago

Algún grave pensamiento
   molesta al rey con temor
de tales fingidos nombres.

Rey (Aparte.)

(Fue siempre el alma en los hombres
el adivino mejor.
   ¡Cuántos, por no haber creído
su divina profecía,

lloraron, cual yo la mía,
después de haber sucedido!
   Que cuando el temor en calma
tiene un pensamiento impreso,
se ve pintado, un suceso
en el espejo del alma.
   ¿Quién viene con él?)

Arpago   Su padre,
que allá tus ganados guarda.

Rey   Y ¿tiene madre?

Arpago   Lisarda
se llama, señor, su madre,
  labradora como él.

Rey (Aparte.)   (Diles que entren.)

(Vase Arpago.)

Rey (Aparte.)   (Vil temor
me oprime, porque en rigor
no siento malicia en él,
  pues padres tiene en su aldea,
tan rústicos labradores.)

(Arpago, Mitrídates y Bato.)

Ciro
(Aparte a Mitrídates.)   (Padre, no temas ni llores.
                  Entra, y lo que fuere sea.)

Mitrídates

(Aparte a él.)	(¡Ay, Ciro! Temblando, voy.)
Arpago	Ya están, señor, a tus pies.
Rey (A Ciro.)	¿Eres tú el rey?
Ciro	¿No me ves?

Rey de los mancebos soy,
   que se juntan en mi aldea
a jugar y entretener;
porque, ¿cómo puede ser
que de otra manera sea?
   Es verdadera en ti solo,
gran señor, la majestad;
solo tu imperio es verdad,
que, como en el cielo Apolo,
   eres único monarca,
cuya vida de justicia,
come al ave de Fenicia,
siempre respeta la Parca.
   Reina entre los animales
el león; el campo alegra
del aire el águila negra
con plumas y alas reales;
   el Sol, en sus luces bellas
reina; la Luna en la noche,
que de su argentado coche
son vasallos las estrellas;
   el delfín, en el rigor
del mar, que asombra a las naves;
y entre domésticas aves
el gallo, madrugador.
   De sierpes, naturaleza
al basilisco le dio

imperio, y así nació
coronada la cabeza;
    y porque las monarquías
del tiempo más claras vieses
mayo es el rey de los meses
y el jueves rey de los días;
    En las flores, el clavel,
y en las semillas, el trigo,
y el tiempo, de cuanto digo,
porque está sujeto a él.
    Reinan, con mucha razón,
de los humanos despojos,
en las facciones, los ojos,
y en el cuerpo, el corazón.
    De las pasiones mayores
rey quieren que el amor sea,
y yo también en mi aldea
soy rey de los labradores.

Rey (Aparte.)   (¡Vive Júpiter sagrado,
que tanto a Mandane imita,
que tiene en el rostro escrita
la verdad de mi cuidado!
    Este sin duda es mi nieto;
que en aquel rudo horizonte
no fuera el parto de un monte
tan atrevido, y discreto;
    porque son precisas leyes,
de que tengo claras señas,
que peñas engendran peñas,
y reyes producen reyes.
    No le quisieron matar
traidores que me engañaron,
o los dioses le guardaron

porque les quiso estorbar
el intento que tenían
de que me matase a mí:
oráculo que temí,
y adivinos me decían.
    Mas no salió muy adversa
entonces la astrología,
de que éste trasladaría
mi cerro y corona al persa.
    quitándola de mi frente.
Pero ya el cielo, aplacado
de sacrificios, me ha dado
remedio piadosamente,
    pues que vino a mi poder
cuando en su primera edad
intentó la majestad,
reino que pudiera ser
    verdadero, aunque fingido,
de los juegos de la aldea,
en que puede ser que sea
el pronóstico cumplido.
    Por lo menos, con secreto
haré matar al villano:
sin ser abuelo inhumano,
hoy he de matar mi nieto.
    Dime tu nombre, mancebo.)

Ciro   Ciro me llamo, señor.

Rey   ¡Breve nombre!

Ciro   A mi valor
              y virtud pienso que debo
              hacerle con obras grande.

Rey	Con notable libertad
(Aparte.)	hablas. (Ello fue verdad.
	¡Que lo que su rey le mande
	no cumpla un vasallo! ¡Ah, cielo!
	mas yo me sabré vengar.
	¿Por qué mandaste azotar,
	bañado de sangre el suelo,
	un labrador inocente?)

Ciro	Porque no me obedecía,
	ni como a rey me tenía
	el respeto conveniente.
	Dos acciones de los reyes
	son premiar y castigar.

Rey	Y ¿no, se han de moderar
	con justa piedad las leyes,
	como lo hacemos nosotros?

Ciro	Había poco que era rey,
	y echéle toda la ley
	para ejemplo de los otros.
	No tengáis por nueva cosa
	mi exceso, si se reprueba,
	porque la justicia nueva
	entra siempre rigurosa.
	Después que pase algún mes
	de juez y de señor,
	templarán este rigor
	el amor o el interés.
	Tiene el gobierno, pasadas
	las horas de la opinión,
	del amor la condición,

que es más fuerte en las entradas.
Temer y amar ha de ser
la ley del buen gobernar:
con beneficio el amar,
y con castigo el temer;
que aunque el beneficio hallo
por la ley más provechosa,
un buen castigo es gran cosa
para que tema un vasallo;
porque si un delito es grave
y éste el rey no le castiga,
mucho al cielo desobliga
y al reino, que ya le sabe.

Rey
¿Adónde aprendiste, Ciro,
esas razones de Estado?

Ciro
Los libros me han enseñado.

Rey
Tu virtud e ingenio admiro,
porque cavar y leer
no caben en un sujeto.

(Aparte.)
(¿Qué dudo de que es mi nieto,
y de que pudiera ser
mi muerte si la piedad
del cielo, no me librara,
y el pronóstico cesara
fingiendo la majestad?
¿Tu padre?)

Mitrídates
Yo soy, señor.

Rey
Quedaos aquí tú y Arpago.
Llevad a Ciro vosotros

donde, con mucho regalo,
quiero que tenga aposento
algún tiempo en mi palacio.

Ciro   Beso tus reales pies.
(Aparte a él.)   (¿Qué te ha parecido, Bato,
                                   de lo que le he dicho al rey?)

Bato (Aparte a Ciro.)   (No te quisiera tan sabio,
                                   los reyes son como el Sol,
                                   que han de deslumbrar sus rayos;
                                   que es tener en poco el cetro
                                   mirarlos de claro en claro.)

Ciro   Engañaste, que yo sé
                                   que me queda aficionado.
                                   Así son los hombres hombres;
                                   que, letrados o soldados,
                                   sin favor del rey, ¿qué importan?

Bato   ¡Por azotar un villano
                                   quieres que te dé favor!
                                   Yo me holgaré que volvamos
                                   al monte como venimos.

(Vanse Ciro, Bato y el acompañamiento.)

Rey   Solos habemos quedado,
                                   porque me importa el secreto.

Mitrídates (Aparte.)   (En el pecho me está dando
                                   mil saltos el corazón.)

Rey   Dime, labrador honrado,

tu patria y tu nombre.

Mitrídates   Soy
tu ganadero, y me llamo
Mitrídates.

Rey   Este Ciro,
¿es tu hijo? ¡Por el santo
Júpiter que, si me engañas,
que de Agrigento el tirano
no ha de haber formado toro
que te abrase a fuego manso
como le haré para ti!

Mitrídates   En la lealtad de vasallo
pienso que hallaré mejor
la respuesta, que en el daño
que me puede suceder
de no respetarte airado.
   Arpago está presente, que a mi aldea
trujo un niño, señor, entre mantillas
ricas, en quien naturaleza emplea
pinceles de sus altas maravillas.
Como suele en la copia de Amaltea
azucena entre humildes florecillas,
así, entre los pañales primitivos,
del rostro en el marfil dos soles vivos.
   Llegó, en efeto, con secreto y prisa,
y me mandó que a fieros animales,
adonde planta de pastor no pisa,
le echase entre peñascos y jarales.
Apenas le tomé, cuando con risa
de su inocencia me mostró señales,
porque fuese testigo en su inocencia

el recibir con risa la sentencia.

   ¡Cruel decreto, dar la muerte a vida
que de la ejecución se está riendo!
Pero como de mí no fue admitida
la apelación, calló, perlas vertiendo.
Fuese Arpago, señor; yo, infanticida,
lleméle al monte, aunque entre mí diciendo:
«¿Qué más fiera que yo?» Pues no pudiera ninguna
de aquel monte ser más fiera.

   Echéle entre dos peñas, que parece
que piadosas entonces se abrazaban.
Aun agora decillo me enternece,
y entonces ellas pienso que lloraban.
La hierba así que en sus espacios crece,
y las flores, parece que ocultaban
el tierno niño, en ocasión tan fuerte,
porque no le pudiese ver la muerte.

   Volví a mi casa, que con tierno llanto
la senda apenas de aquel monte vía,
donde hallé mi mujer, ¡oh cielo santo!
que un hijo muerto malparido había.
Contéla el caso, y afligióse tanto,
que me dijo, llorando que tendría
consuelo si aquel niño le trujese,
si Júpiter vivir le permitiese.

   Al monte parto con ligero paso,
que apenas con los pies tocaba al suelo,
cuando al bordar el Sol de oro el ocaso,
hallo mi niño y mi dolor consuelo.
Una perra le daba, ¡extraño caso!,
piadosa el pecho por piedad del cielo,
y de aves y animales defendía,
que en torno dél la muerte conducía.

   Alzole en brazos de la dura tierra,

imprimiendo en su cara tiernos besos.
Voy por el monte, sígueme la perra
entre las peñas y árboles espesos.
Llego a mi casa, en fin... ¡Oh cuánto yerra
quien piensa que impedir puede sucesos
que tienen ya los cielos decretados,
ni reprimir la fuerza de los hados!
    Crióle mi mujer, púsole Ciro
por la perra que el pecho le había dado
(que así se llama en nuestra lengua), y miro
el cielo a su favor determinado,
porque cuando fingido rey le admiro,
y saber su valor te da cuidado,
conoces que es el niño que ha vivido
para hacer verdadero el rey fingido.
    Conocíase bien que era tu nieto
en tanta discreción y valentía,
que no pudiera ser menos efeto
el que tan alta causa producía.
Ya de las cielos se cumplió el decreto
en el reino de burlas que fingía;
si el haberle criado culpa ha sido,
de mi inocente error perdón te pido.

Rey
    Dame tus brazos, dignos justamente
de un rey; que por piedad ninguno ha sido
castigado en el mundo, ni ha perdido
el premio de librar a un inocente.
¡Oh Arpago! ¿De qué temes, cuando siente
tu pecho que mi amor te ha perdonado
no haber ejecutado
mi necio mandamiento?

Arpago
    Señor, yo le cumplí; que solo siento

no verte el alma agora.

Rey
  Pues ¿puede ser traidora
alma de un rey?

Arpago
     El pensamiento humano
solo del cielo se defiende en vano.

Rey
  Por mi corona, que te debo, Arpago,
la vida, y que te pago
con la verdad que debo,
agradecido a sucesor tan nuevo.
Y porque lo que digo verdad sea,
vuélvase Ciro, vuélvase a la aldea;
váyase libremente
hasta que llegue tiempo conveniente
que pueda declaralle por mi nieto;
pero advirtiendo que ha de estar secreto,
porque, por todo el coro
de los dioses que adoro,
que si le declaráis quién es, que luego
os abrase a los dos en vivo fuego.
¿Daisme aquesta palabra?

Arpago
       Yo la juro
a Marte, protector del patrio muro.

Mitrídates
  De mí no tengo yo que asegurarte;
que bien puede obligarte
lo que he tenido tanto tiempo oculto.

Rey
  Pues ya no dificulto
que con estar secreto
haré jurar por sucesor mi nieto.

Tú parte, Mitrídates,
porque de volver trates
con Ciro al monte donde se ha criado.

Mitrídates   ¿Diréle alguna cosa?

Rey   Que me he holgado
de conocer en rústico sujeto
un mozo tan valiente y tan discreto.

Mitrídates   Guarde tu vida el cielo.

(Vase.)

Rey   De tu piadoso celo
satisfecho, con justa confianza,
Arpago generoso,
te quiero dar de Ciro la crianza;
que espero harás un rey tan belicoso,
que ponga nuestra media monarquía
en los últimos límites del día.

Arpago   Tan justas confianzas
puedes tener de mí como de Ciro,
mancebo de tan altas esperanzas
que al resplandor de tus hazañas miro
águila caudalosa.

Rey   Para pagarte la amistad piadosa
que con él has usado,
hoy, Arpago, serás mi convidado;
hoy comerás conmigo, que es muy justo.

Arpago   Beso tus reales pies.

Rey   Por este gusto
                    no sé qué honras hacerte,
                    llámame a Evandro.

Arpago   Voy a obedecerte.

(Vase.)

Rey   ¿Habrá maldad que como aquésta sea?
                    ¡Oh, fementido Arpago!
                    ¿Así mi imperio tu traición desea?
                    Pero yo te daré tan justo pago
                    que sea mas dolor que el darte muerte.
                    Villano, ¿desta suerte
                    obedeces tu rey? ¡Viven los cielos,
                    que la sangre sosiegue mis desvelos
                    del labrador valiente
                    que quiere los laureles de mi frente
                    trasladar a la suya!
                    Que no es justicia que a maldad se arguya
                    que, a quien quiere matarme al mediodía,
                    le mate yo a la aurora.

(Evandro.)

Evandro   ¿Qué manda Vuestra Alteza?

Rey   Evandro, agora
                    mandé partir a Ciro sin castigo.

Evandro   ¿Así guardas justicia?

Rey   Evandro amigo,

no fue sin ocasión, porque no quiero
parecer tan severo
a los ojos del pueblo, aficionado
a ese mancebo loco y alentado.
Hoy se parte, y hoy quiero que le mates.
Solo va con el viejo Mitrídates:
síguele con soldados de mi guarda,
y de noche le aguarda
al paso más oculto deste monte.
Pero a pensar disponte
que has de traerme su cabeza fiera,
que el frontispicio de mi templo espera,
como del oso o jabalí le adorna
el cazador que torna alegre de la presa.

Evandro   De que se tarde el claro Sol me pesa,
de partirse al ocaso.

Rey   Ya te espero:
por verlo muerto, muero.

(Aparte.)   (¡Oh cielos, no os canséis de asegurarme
de un hombre que nació para matarme!)

(Vanse. Filis y Bato.)

Filis   Como si fuera la ausencia
fácil pena al sentimiento,
añadieron mis desdichas
el peligro a mis deseos.
¿Cómo dejas, Bato, a Ciro?
Que amor, en tales sucesos,
del mal temiendo lo más,
del bien espera lo menos.

Bato	Aunque el rey le recibió a los principios severo por enojo o por costumbre (que es la majestad en ellos como un vínculo real), después, con rostro risueño templó la deidad; que mueve mucho al airado el discreto. Así diez años Ulises, matador de Polifemo, aquel gigante de un ojo, anduvo por varios reinos. ¡Oh, si le vieras hablar con atrevido despejo, pensaras que era Sibila o el oráculo de Delfos! Finalmente, le mandó regalar: y así, le dejo en un cuarto de palacio tan metido a caballero, que parece que lo ha sido toda su vida.
Filis	El ingenio lo alcanza todo: y así, muchos hombres que subieron en brazos de la fortuna a ocupar honrosos puestos, saben presto ser señores.
Bato	Y aún saben serlo tan presto, que cuanto fueron humildes, parecen después soberbios. Finalmente, por quitarte,

Filis, del peligro el miedo,
me ha enviado a que te diga
que no le tengas en esto;
porque aunque lamenta Evandro
los azotes de Fineo,
espera Ciro del rey
en vez de castigo, premio.

Filis   ¿Qué dice mi hermano Arpago?

Bato   ¡Por Júpiter que no entiendo,
Filis, si verdad te digo,
el alma destos enredos!
El y el rey y Mitrídates
andan hablando en secreto.
Ayer comió con el rey.

Filis   ¡Con el rey! ¿Qué dices?

Bato   Puedo
asegurar lo que vi,
y que entré a verlos comiendo.
¡Tanta plata, tantos platos,
de tantos manjares llenos,
tanto servicio y criados,
éste entrando, aquél saliendo,
todos atentos al rey,
y alguno, por dicha, atento
más al capón que comía
que a la deidad del imperio!
¡Oh, bien haya, dije yo,
debajo de un pobre techo
la olla de un labrador,
los rotos manteles puestos

sobre una tabla de pino,
y aquel ver salir hirviendo
el repollo en el verano,
los nabos en el invierno,
a su lado su mujer
con el hijo tierno al pecho,
el gato por mayordomo,
y por maestresala el perro!
Porque los contentos, Filis,
si hay en el mundo contentos,
no están en las ceremonias,
sino en el gusto y el sueño.

Filis   ¡Bueno vienes de la corte!

Bato   Filis, este poco seso
de acá le llevé; que allá
no venden entendimientos.

Filis   Y ¿cuándo piensas volver?

Bato   Esta noche volver pienso;
que solo a verte he venido.

Filis   Escucha un atrevimiento.

Bato   ¿Cómo?

Filis   Yo he de ver a Ciro;
que secretamente quiero
irme contigo esta noche.

Bato   A no estar el monte en medio,
fuera fácil la jornada

con recato y con silencio.

Filis   Entra, y despacio en mi casa
la venida trataremos;
que amor no permite espacio
donde le lleva el deseo.

Bato   Míralo, Filis, mejor.

Filis   No gusta amor de consejos.

Bato   Pues ¿de qué gusta el amor?

Filis   De ejecutar los remedios.

(Vanse. Mitrídates. y Ciro con espada.)

Ciro   Apenas de la licencia
del rey, padre, me informé,
cuando, de la corte fue,
y para siempre, mi ausencia.
    ¡Bien haya mi pobre aldea,
que me falte o que me sobre,
porque no hay contento pobre,
ni bien que sin él lo sea.

Mitrídates   Solo me causa cuidado,
Ciro, de Evandro la queja,
pues sin venganza le deja,
el rey, del hijo azotado.
    No hay satisfacción que cuadre
a injuria tan afrentosa,
y ya sabes que es la cosa
mas ciega del mundo un padre;

que el amor con que le viene
a estimar su pensamiento,
le quita el entendimiento;
pues ¿qué hará si no le tiene?
　　Temo, al fin, un padre airado,
Ciro, y aumenta mi pena,
saliendo en noche serena,
haberse el cielo turbado;
　　Que, aunque no está del aldea
este monte muy distinto,
no hay Creta ni laberinto,
que como su centro sea.
　　Las nubes, rotos los senos,
las estrellas amenazan,
que el campo desembarazan
del cielo, huyendo los truenos.
　　Alguna desdicha temo
entre tanta oscuridad.

Ciro　　　　　　　Si vos, de tan larga edad
llegando, padre, al extremo,
　　teméis, con mayor razón
temiera mi juventud
la muerte, sin la virtud,
que es alma del corazón.
　　¿Qué monte, que padre airado,
qué cielo tempestuoso,
qué enemigo poderoso
en oscura noche armado;
　　qué voraz actividad
del fuego, ni qué violencia
de agua o viento, o negra ausencia
de la solar claridad;
　　qué relámpagos y truenos,

qué rayos ni qué centellas?
Que, si huyeren las estrellas,
estará firme a lo menos
   la que nació con mi dicha.
Venga el mundo contra mí;
que si con valor nací,
contra valor no hay desdicha.

Mitrídates   ¡Ay, hijo! ¿Qué estás diciendo?
Aunque de valor te armas,
con rumor de gente de armas
está el monte estremeciendo.
   Pienso que sale verdad,
Ciro, el rigor que temí.

Ciro   Pues padre, escondeos allí,
entre aquella oscuridad;
   que si no habéis de ayudarme,
mejor es que viváis vos.

Mitrídates   Eso no permita Dios.
Vengan primero a matarme,
   y ¡ojalá pudiera ser
que me transformara en ti,
porque, matándome a mí,
te pudiera defender!
   Que es mi amor tan excesivo,
que, si por ti me matara,
pienso que resucitara
con saber que estabas vivo.

Ciro   Padre, retiraos allí;
mirad que se acercan ya.

(Evandro, Fineo y soldados.)

Evandro   Aquí suenan.

Ciro   Y aquí está
quien buscáis.......

Evandro   ¿Es Ciro?

Ciro   Sí.

Evandro   ¡Muera!

Mitrídates   ¡Ay, hijo de mi vida!
(Riñen.) (Aparte.)   (¿Cómo te diré quién eres
antes que mueras, pues mueres?)

Fineo   ¿Tienes, hombre, revestida
la furia de Flegetonte,
en ese pecho?

Ciro   ¡Villanos,
mal conocéis estas manos!

(Mételos a cuchilladas.)

Mitrídates   Huyendo van por el monte.
¿Quién pensara tal valor?

(Dentro:)

Fineo   ¡Padre, muerto soy!

Mitrídates   Fineo

es aquél. No es éste Ciro.
Marte, de su quinto cielo
debió de bajar armado
de diamante. Ya no siento
las voces. ¡Ay de mí, triste?
¿Si por dicha Ciro es muerto?
¡Ciro!... Nadie me responde.
Solo, de lástima, el eco
repite su amado nombre.
Subir por el monte quiero.
¡Ánimo, caducas fuerzas!

(Súbese por el monte. Ciro, sangriento, con la espada desnuda.)

Ciro   Tres de los villanos dejo
entre las peñas tendidos,
y los demás van huyendo.
Herido estoy; pero poco.
Solo de mi padre siento
la pena, porque habrá sido
la espada con que le han muerto.
¡Qué terrible oscuridad!
Si ignorar pudiera el cielo
que no habían de matarme,
pensara que lo había hecho
por cubrir su gran teatro
de paños de luto negro.

(Dentro y lejos:)

Bato   ¡Ciro!...

Ciro   ¿Qué voz es aquella?
Pensara que destos cerros

era pastor si mi nombre
no pronunciara tan presto.

(Dentro:)

Mitrídates   ¡Ciro!

Ciro   Otra voz diferente:
que es de mi padre sospecho.
Por acá, por acá, padre.
No responde: mi deseo
debió de burlarme.

(Dentro y lejos:)

Filis   ¡Ciro!...

Ciro   ¡Júpiter santo! ¿Qué es esto?
Parece voz de mujer,
y si el alma no hace enredos
(porque no es mujer el alma,
si en el nombre, no en los hechos),
Filis es la que me llama.
¡Qué pensamiento tan necio!
¡En un monte... a media noche!

(Dentro:)

Filis   ¡Ciro!...

Ciro   Más cerca la siento.
Quiero responder. ¿Quién es?
¿Quién llama a Ciro?

(Salen por tres partes a un tiempo, Filis, Mitrídates y Bato.)

Filis	Yo.	
Mitrídates		Yo.
Bato	Yo.	

Ciro   ¡Cielos! ¿Quién respondió?

Filis   Yo soy.

Ciro   ¡Filis!

Filis   ¿No me ves?

Mitrídates   Si hay para un padre después
                 brazos, aquí estoy contigo.

Ciro   ¡Padre!...

Bato   Y después un amigo.

Ciro   ¡Bato! ¿Es posible que os veo,
                 o es burla de mi deseo
                 que los tres estéis conmigo?

Filis   ¡Ay, mi bien! ¿Herido estás?

Ciro   De tu amor, Filis hermosa.

Filis   No de balde tu dichosa
                 presencia, ¡oh Ciro!, me das;
                 pero pudiendo ser más

entre enemigos tan fieros,
que el eco de sus aceros
llevaba el aire al oído,
dichosa desdicha ha sido.

Ciro   ¡Ay, bellísimos luceros!
        Cese el aljófar que os baña;
que más me podréis vencer
que los que pueden volver
con más gente a la montaña.
Aún pienso que amor me engaña;
que cuando tu voz oí,
que era el alma presumí,
que con la imaginación,
hurtando a tu voz el son,
hablaba dentro de mí.
        ¿Cómo vienes desta suerte?

Filis   Llevando a Bato por norte,
me llevaban a la corte,
Ciro, las ansias de verte.
Era el estruendo tan fuerte
de las armas y las voces
de tus contrarios atroces,
que en hielo me transformaron,
y aun pienso que se espantaron
los animales feroces.
        Y si en aquesta ocasión
vives, yo pienso que fue
porque tu vida pasé
desde el campo al corazón;
que entre aquella confusión,
fiero y bárbaro tropel
de tanta gente cruel,

con el alma enternecida,
dije: «Aquí estará su vida,
y me matarán por él».

Ciro   Con este favor, mi bien,
que amor trujo a mis oídos,
los que huyeron, van vencidos;
los demás, muertos se ven.
Pero pelear tan bien
no fue mucha valentía
si Filis me defendía;
que si más cerca llegara,
con los ojos los matara,
y yo descansar podía.
            Padre, gran pena me distes.

Mitrídates   Ninguna a mi pena iguala,
ni pensé volverte a ver,
perdido por la montaña.

Ciro   Bato amigo, mucho debo
a tu amor.

Bato   Si me le pagas,
claro está que no le debes.

Filis   ¡Ay de mí! Gente con armas
discurre el monte.

Bato   Ellos vuelven.
Huyamos, Ciro.

Ciro   Esta espada
no sabe huir. Todos juntos

os poned a mis espaldas.

(Arpago y soldados.)

Arpago   Pisando voy cuerpos muertos,
que la misma luz del alba
nos enseña por las sendas.

Un Soldado   Sangrientas están las ramas.

Arpago   ¡Ay de mí si es muerto Ciro!

Ciro (Aparte a Filio.) (¡Ay, Filis, gran mal me aguarda!
Arpago, tu hermano, es éste.
Detrás destas altas hayas
es fuerza que os escondáis.)

Filis (Aparte a Filio.) (¿No estás, fortuna, cansada
de perseguirme?)

Bato (Aparte.)   (Señora,
no temas aunque haya causa;
que quien ha muerto a los otros
se dará tan buena maña
que hará de aquéstos lo mismo.)

(Retíranse Filis, Mitrídates y Bato.)

Ciro   Arpago, yo soy. ¿Qué aguardas?

Arpago   Esperaba a conocerte;
que tan poco a poco baja
el alba, que se ve apenas
si es la noche o la mañana.

Ciro	Si a matarme vienes, ¿cómo tienes la espada en la vaina?
Arpago	No vengo a matarte, Ciro: Ciro, en que he sido repara quien dos veces te dio vida a costa de sus entrañas. Retiraos todos.
Ciro	¿Qué dices?

(Retíranse los soldados.)

Arpago	Que escuches la historia larga de tu vida y mi desdicha.
Ciro	Dime, Arpago, si me engañas, porque no, será valor.
Arpago	Antes que del monte salgas sabrás si te engaño: escucha.
Ciro	Yo escucho en tu confianza, pero más en mi virtud; porque, si a traición me matas, volveré del otro mundo y sabré tomar venganza.
Arpago	Ciro valiente, de quien pende la corona toda del Asia, aunque te quitaban con la vida la corona, ya no es tiempo de callar;

que cuando la verdad sobra,
aunque rompa mi palabra,
más que me infama, me honra.
No es la causa que yo tengo
para vengarme tan poca;
que no pedirá palabras
quien hace tan malas obras.
El cielo me manda hablarte,
que rompérsela no importa;
antes el cielo se sirve
de que a un tirano la rompa.
El rey Astiages, de Media,
tuvo por hija la hermosa
Mandane, de cuyo vientre
soñó que con verdes hojas,
entre fértiles racimos,
salía una vid frondosa
que toda el Asia cubría,
por cuyo temor se informa
de los sabios que en su reino
guarnecen talares togas.
Todos dicen que su hija,
y unánimes se conforman,
pariría un bello infante,
que con fuerzas belicosas
el reino le quitaría;
y de suerte el rey se asombra,
que en Persia casa a Mandane
con la más pobre persona,
aunque noble, que halló en Persia,
pensando que al cielo estorba
el poder, a quien están
sujetas todas las cosas.
Pero no hay fuerzas humanas

que a las divinas se opongan:
antes, resistido el cielo,
a más rigor se provoca.
Preñada Mandane, el rey
la vuelve a su casa, y toma
el niño que della nace.
y a su marido la torna.
Este me entrega, y me manda
¡qué crueldad! que en una sola
selva le deje a las fieras,
que le devoren y coman.
No quise yo ser verdugo
de un ángel; que galardona
la piedad el cielo, tanto
la inocencia le enamora.
Con esto, aquel mismo día
con tierno llanto le arroja
mi ganadero a las fieras;
después le vuelve a su choza,
donde por suyo le cría,
en cuya rústica ropa
aquel ánimo real
no de otra manera brota
(volviendo en coturnos de oro
las que eran abarcas toscas)
que del conducto la fuente,
por la superficie rota,
bullendo las arenillas,
revienta menudo aljófar.
Este fuiste, fuerte Ciro,
que de burlas rey te nombras,
porque te enseñaba el cielo
que a las veras te dispongas.
Astiages, viéndote vivo,

de tal manera se enoja,
que me convida a comer,
¡ay, Dios!, con alma traidora.
Como, y después me pregunta
si fue espléndida y sabrosa
la comida; yo, ignorante,
le agradezco tantas honras.
Enséñame luego... ¡Ay, cielo!
¡Qué lágrimas y congojas
el prólogo quieren ser
de mi tragedia llorosa!
Me enseña, dije... ¡Ay de mí!
¿Cómo diré? ¿De qué forma?
En una sangrienta fuente
vi la cabeza amorosa,
pies y manos de mi hijo.
Tanto mueve y alborota
el alma ver que su cuerpo
su mismo padre le coma.
En mi llanto y en su sangre
mis tiernos ojos se mojan,
por ver si pueden lavar
la misma engañada boca.
Volví el ser que di a mi hijo
a mi ser, como quien cobra
lo que ha dado, y de mi carne
se aumenta mi carne propia.
Así me dijo: «En tu hijo
tomar venganza me toca
de no haberme obedecido,
pues vive mi nieto agora».
¿Qué león de Albania, qué sierpe
de Libia, qué tigre, qué onza
hiciera tan gran crueldad

cuando los hijos le roban?
Disimulé cuanto pude,
y el rey, con falsas lisonjas,
te deja volver al monte
para que sus peñas, sordas
y mudas, fuesen testigos
de tu muerte lastimosa.
Apenas lo supe, Ciro,
cuando quiere que socorra
dos veces tu vida el cielo;
pero cuando ya la aurora
abre las puertas al día,
veo en la florida alfombra
del monte tres hombres muertos,
y esa mano vencedora
de la crueldad de tu abuelo.
Vuelve, Ciro, a la memoria
tus agravios; que los cielos
con su mano poderosa
le defienden, y te llaman
al hecho de mayor gloria
que en eterno bronce anima
de la alta fama la trompa.
Honra a tu madre Mandane,
tu imperio heredado cobra
de quien mil veces te ha muerto
con fieras, hierro y ponzoña.
Aunque para no matarte
defenderte el cielo sobra;
que es querer matar en él
del Sol la dorada antorcha.
Consagra al templo inmortal
esta verdadera historia;
tu mismo imperio restaura,

tu frente de lauro adorna.
Yo te ayudaré. ¿Qué esperas?
Pelea, mata, despoja,
atropella, venga, rinde,
tala, quema, vence, roba;
rey te llama, gente junta,
las banderas enarbola.
Valor tienes, di quién eres;
que Dios te dará victoria.

Ciro   ¡Notable historia! Y tan llena
de prodigios, que me ha dado
contento como cuidado,
y como esperanza pena.
Lo que Júpiter ordena,
resistir intenta en vano,
la más poderosa mano;
porque es mortal desatino
contra el decreto divino
oponerse intento humano.
   No sin causa me ponía
el alma en el pensamiento
ser rey; que este fingimiento
de aquella verdad nacía.
Esforzándose va el día;
si nos ven, perdido soy.
Palabra de rey te doy,
si me ayudas, de vengarte,
escribiéndote en qué parte
gente levantando estoy.
   Mi padre, aunque no lo ha sido,
y un amigo que venía
conmigo, buscar quería,
que en el monte se han perdido;

que por eso, me despido
de ti con tanto recelo.
Dame tus brazos.

Arpago   El cielo
confirme nuestra amistad.

Ciro   Tú verás mi voluntad.

Arpago   Tú mi favor.

Ciro   Tú mi celo.

Arpago   Seré tu esclavo.

Ciro   Tu amigo
seré yo.

Arpago   Mi rey serás.

Ciro   Arpago, tu amigo es más,
y cumpliré lo que digo.

Arpago   Presto me veré contigo.

Ciro   Cielos, escríbase en vos
esta amistad de los dos.

Arpago   Ya la guerra me provoca.

Ciro   Toca al arma.

Arpago   Al arma toca.

Ciro   Arpago, adiós.

Arpago   Ciro, adiós.

Fin de la segunda jornada

Jornada tercera

(Flora y Bato, de soldado gracioso.)

Bato   ¿No vengo bizarro, Flora?

Flora   Y galán tan singular,
que te pudiera envidiar
el que lo fue de la aurora.
     Bien es que en esta jornada
del más gallardo, presumas,
porque no hay galán sin plumas
ni valiente sin espada.
     A lo gallardo he pensado
que has de igualar el valor,
porque del ruin labrador
sale siempre el buen soldado.
     Entre cuanta gente viene
por varias partes a Ciro,
solo te alabo y te admiro
de cuantos soldados tiene.

Bato   Díceslo, Flora, burlando;
mas, pues ya no puede ser
que a Ciro puedas querer,
que me quieres voy pensando.
     Ya Ciro es rey, ya gobierna
ejércitos, no ganados;
ya camina entro soldados
a conquistar fama eterna.
     Ya, en vez del rudo jumento,
feroz caballo corrige
con duro freno, y le rige
entre la tierra y el viento.

Ya no hay bueyes que administre
la aguijada del arado;
armas viste, y fresno herrado
pasa de la cuja al ristre.

Con esto, de las crueldades
de su abuelo se defiende:
imperios Ciro pretende,
no labranzas ni heredades.

No busca Ciro las tierras
donde los ganados pacen;
que las majestades nacen
enseñadas a las guerras.

Ya, con más altos intentos,
aspira a reinar, no a ti:
quiéreme tú, Flora, a mí,
y juntemos pensamientos.

Llevaréte, si me quieres,
al lado por esas guerras;
verás mares, verás tierras,
que es condición de mujeres.

Ea, ¿qué lo estás pensando?
Que Filis, con ser quien es,
a Ciro sigue después
que ha visto a Ciro reinando.

Y tenemos copia inmensa
contra el viejo rey cruel,
aunque nos han dicho que él
no se duerme, en la defensa.

Que sabiendo que vivía
su nieto, y que gente armaba,
del Júpiter blasfemaba
y a Arpago matar quería.

Y así, de varias naciones
tan grande campo ha formado,

que cubre el más dilatado
de banderas y escuadrones.
    Pero de Ciro el valor
tan animoso le espera,
que no pienso que pudiera
ser el de Marte mayor.

Flora   Yo, Bato, desengañada
de que era bárbara ley
querer un nieto de un rey,
entre estos montes criada,
    de pensamientos mudé;
que era loca fantasía,
y aquel amor que tenía,
como se vino se fue.
    Ni de ti ni de otro alguno
de cuantos Dios ha criado,
estimaré su cuidado,
ni le tendré de ninguno.
    Hayan los hombres nacido
en buen hora, cuantos fueren,
para quien ellos quisieren;
logren su amor o su olvido;
    que yo los doy desde aquí
a las que no los conocen,
y muchos años los gocen
sin darme celos a mí.
    Siempre nos causen desvelos
los firmes y los más justos:
imal año para sus gustos
si tengo de ver mis celos!

(Vase.)

Bato	Dejarás de ser mujer, serás piedra, y no persona; que la más fuerte amazona hombres hubo menester. Mas ya nuestro Marte miro, que con la divina rama del Sol su gente le aclama por rey.

(Tocan cajas dentro. Ciro, con laurel; Filis, en hábito corto; Mitrídates, soldados y músicos.)

Soldados	¡Rey Ciro, rey Ciro!

Músicos (Cantando.)	Coronad, soldados,
	    la ilustre cabeza
	    del valiente Ciro,
	    nuevo rey de Persia.
	    ¡Al arma, al arma, al arma; guerra,
	guerra! Toca la caja, y ríndase la tierra.

(Tocan la caja a rebato.)

Ciro	No desdice a mi laurel la música, pues se cuenta de Aquiles que se incitaba con la música a la guerra. Por incapaz el caballo del dulce son de las cuerdas, al de la caja se anima, y a la voz de la trompeta.

Músicos	¡Al arma, al arma, al arma; guerra, guerra! Toca la caja, y ríndase la tierra.

Filis	Bien pareces laureado;
	pero no sé cómo pueda
	pensar que me ha estado bien,
	Ciro, tu inmensa grandeza.
	Alégrame de mirarte
	príncipe de Persia y Media,
	y de ver que con justicia
	tan grande imperio pretendas;
	el aplauso que te han dado
	las escuadras que gobiernas,
	la fama de tus principios,
	las armas de tus banderas;
	pero no puedo alegrarme
	que contra mí te engrandezcas.
	Reina me hiciste en las burlas
	para no serlo en las veras.
Ciro	Filis, aquel mismo soy
	que antes de ser rey; no temas;
	que obligaciones honradas
	son en las almas eternas.
	Bajos pensamientos tiene
	quien los amigos desprecia
	que tuvo cuando era humilde,
	por vanidad y soberbia.
	Para mí siempre serás
	lo que fuiste.
Filis	No desea
	mi alma tus reinos, Ciro;
	tú solo en mi pecho reinas.
Ciro	Mitrídates...

Mitrídates	Hijo mío...
	Perdona, que no quisiera
	perder aquel nombre amado
	que trasladaron las fieras
	a mis entrañas el día
	que pude librarte dellas.
Ciro	Esta carta al rey. mi abuelo,
	escribo para que crea
	el ánimo con que estoy.
	Tú la has de llevar.
Mitrídates	Mis fuerzas
	ya no son para embajadas.
	A un soldado la encomienda
	que tenga tanto valor.
Bato	Aunque locura parezca,
	yo se la pondré en las manos.
Ciro	Pues ¿qué dirán si la lleva
	hombre como tú?
Bato	Señor,
	los avisos de la guerra
	no requieren calidades,
	sino personas resueltas.
	Yo soy loco, y le daré
	la carta, cuando el rey fuera
	Júpiter.
Ciro	Pues parte, Bato,
	adonde las cajas suenan,

y ten buen ánimo.

Bato   Basta
que a tu valor me parezca.
Hoy no volveré con vida,
o te traeré la respuesta.

(Vase.)

Ciro   Bella Filis, ven conmigo:
verás la gallarda muestra
que hoy he mandado que haga
mi ejército en tu presencia.

Filis   Los cielos te den victoria.

Ciro   Llevándote por estrella,
es poco ganar un mundo.
¡Hola, capitán! Apresta
un caballo.

Capitán   Ya te aguarda
con paramentos de tela.

Ciro   Mi virtud es mi fortuna;
que la virtud no se hereda.

(Vanse. El rey y Arpago.)

Rey   ¿Qué muestra tanto valor?

Arpago   Partí, señor, a la aldea,
patria, si es bien que lo sea,
de aquel monstruo labrador;

y antes, señor, de llegar,
sonaba de la manera
el estruendo, como altera
montes de espumas del mar.

Pregunté a un pastor que hallé,
del estruendo la ocasión,
y díjome: «Este escuadrón
que mal formado se ve,

es la gente del rey Ciro,
que de varias partes viene».
«¿Ciro —respondí—, previene
gente? Su locura admiro.

Pues un villano, ¿a qué efeto,
que ayer ovejas guardó?»
«No es villano —replicó—;
que es del rey Astiages nieto.»

Su historia le ha referido
un hombre que le ha criado.
Temióse apenas formado;
¿qué hará después de nacido?

Que si antes de ser su ser
le da el ser temor igual,
después de ser, y ser tal,
¿querrá que deje de ser?

«De su poder engañado,
piensa que el del cielo excede,
porque aun el cielo no puede
quitar el ser que no ha dado.»

Entro en el lugar, y veo
las flautas vueltas templadas
cajas, lanzas las azadas,
y el cavar, galán paseo.

Hallo a Ciro, finalmente,
entre estas bárbaras sumas,

más coronado de plumas
que de laureles la frente;
  y hablándole de tu parte,
le digo cómo desea
tu amor que el reino posea,
dándole a Dario su parte.
  Dice con vana arrogancia
dos mil locuras, señor;
y es repetirlas error,
porque no son de importancia.
  No le espantas general
desta empresa.

(Un Criado.)

Criado
     Aquí, señor,
un rústico embajador,
a quien le despacha igual,
  trae una carta de Ciro.

Rey
     Dile que entre.

Criado
Yendo a avisar.
            Entrad.

(Sale Bato.)

Bato (Aparte.)
          (No sé
si pida silla, que en pie
al rey con Arpago miro.
  Mas no será maravilla
la que el jumento me dio;
que muchos hay como, yo,
que pasan de albarda a silla.)

Rey   ¡Buen soldado!

Arpago   Desta traza,
deste talle, desta ley
son los demás.

Bato   Señor rey...

Rey   Hablad.

Bato (Aparte.)   (Todo me embaraza.)

Rey   Dejad la espada, y decid.

Bato   Vueso nieto, que Dios guarde,
me dio esta carta ayer tarde.

Rey   En lo demás proseguid.

Bato   Lo demás se me ha olvidado;
pero todo viene ahí.

Rey   ¿Sois soldado?

Bato   Señor, sí.

Rey   Y ¿ha mucho que sois soldado?

Bato   Soldado y embajador
soy desde ayer.

Arpago
(Aparte a Bato.)   ¿Para mí

traes alguna carta?

Bato   Sí;
luego os la daré, señor.

Rey (Lee.)   «Ciro a su abuelo.» ¡Arrogante
                    título! «Tu gran crueldad
                    (que no hay hombre ni deidad
                    que en cielo y tierra no espante.»
                        «Pues antes de tener vida
                    me la quisiste quitar)
                    me obliga a solicitar
                    verla de ti defendida.
                        Para esto, y no perder
                    el reino de mis pasados,
                    hice levas de soldados
                    contra tu injusto poder.
                        El dinero que traía
                    de Persia tu tesorero
                    tomé, porque es lo primero
                    que mayor falta me hacía.
                        Verdad es que le dejé
                    luego un resguardo firmado
                    de cómo estaba bien dado,
                    y que a cuenta lo tomé
                        de lo que he de haber; que en todo
                    es bien la cuenta y razón.»

Bato   Y a mí en la misma ocasión
                    me lo dijo dese modo.
                        es Ciro muy puntual.

Rey   ¡Mi tesoro! Hoy le destruyo.

Bato	De lo que no fuere suyo no ha de tomar un real.

Rey (Lee.)	«Si quieres, como mi abuelo,
	Volverme el reino que es mío
	(que matarme es desvarío
	cuando me defiende el cielo),
	   yo te prometo de darte,
	y como rey lo prometo,
	donde vivas con secreto,
	de mi reino alguna parte.»
	   Torres en el viento labra.

Bato	¿Oye, señor?
Rey	Hombre, di.
Bato	Todo lo que viene ahí me lo dijo de palabra.
Rey	Si mandarte castigar mi grandeza permitiera, villano, tu muerte fuera la que te hiciera callar.

Arpago	Señor, si a tan vil sujeto
	humillas la majestad,
	la suprema autoridad
	padecerá indigno efeto.
	   ¿Qué gentil Héctor, qué Aquiles,
	qué rey de los animales
	ensangrentó las reales
	uñas en las liebres viles?
	   Demás de ser labrador

y desigual enemigo,
le reservan del castigo
las leyes de embajador.
　Cause risa a tu grandeza
ver los soldados que tiene
Ciro, pues éste a dar viene
la muestra de su bajeza.

Rey　　　　　　Arpago, no le imagines
tan vil; que de no temer
los principios, suelen ser
tan desdichados las fines.
　Que, aunque no es Aquiles griego
para ponerme desmayo,
de un vapor se engendra un rayo,
y de una centella un fuego.
　tú, villano, vete, y di
que yo mismo a verle voy.

Bato　　　　　　Capitán de Ciro soy
aunque villano nací,
　y por allá nos veremos;
que de la hoz a la espada
no es muy larga la jornada,
aunque parezcan extremos.
　No os fiéis en escuadrones;
que hay mancebo por allá,
que con la honda os hará
ir trompicando terrones;
　Porque si Ciro tuviera
cuatro mozos como yo,
no digo este imperio, no,
mas toda el Asia rindiera.
　Que es imposible criar

tantos ejércitos ves
como puede matar Dios,
y yo ayudarle a matar.
   Solo de haberme mirado
Ciro he quedado tan fuerte,
que puedo matar la muerte
si fuese vuestro soldado.
   ¿Penséis que viene enseñado
este fuerte capitán
al regalado faisán
y al vino aromatizado?
   ¡Vive Dios, si no le dais
el reino y restituís!...

Rey   ¡Dioses! ¿Aquesto sufrís?
¿En qué entendéis? ¿Dónde estáis?
   Blasfemo de vuestro nombre.
¡A mí un villano!...

Arpago   Señor,
que es loco y embajador.

Rey   ¿Qué importa matar un hombre?

Bato   Téngase allá todo, rey;
que no me envían a mí
para que me mate así.

Rey   Válgale, Arpago, la ley,
   no de embajador, de loco.
Di, villano, al otro infame
que mi nieto no se llame;
que a más furor me provoco.
   Y que me espere: verá

quién es rey y quién traidor.

Bato   Ya no es Ciro labrador;
                rey es Ciro, y rey será.

(Vanse. Albano, Silvio, Riselo y Ciro.)

Albano (Dentro.)   ¡Válgate Júpiter santo!

Silvio (Dentro.)   Tan presto se levantó
                que pienso que no ha caído.

Riselo (Dentro.)   No hay pájaro tan veloz.

Ciro (Dentro.)   Paso; no es nada, soldados.
                Bueno estoy, no hagáis rumor.

(Ciro y Filis.)

Filis   ¡Mal agüero!

Ciro   Si es agüero
                no para mí.

Filis   ¿Cómo no?
                Caer, corriendo un caballo,
                cuando con tanta atención
                te aplauden y aclaman rey
                tus soldados a una voz,
                ¿No es agüero de caer
                del puesto a que te subió
                tu fortuna?

Ciro   Espera, Filis;

que a ver si es agüero voy.

(Vase. Albano, Riselo, Silvio y soldados.)

Albano   Donde al furioso caballo
le detuvo el resplandor
de las espadas (que, huyendo,
tan velozmente corrió
que no se quejaba el prado
que le lastimase flor
(tanto pueda aún en un bruto
librarse de la prisión),
bañado en sudor el cuerpo
de aquella furiosa acción,
y el freno de espuma y sangre),
el fuerte Ciro llegó.

Riselo   La espada saca.

Filis   ¿A qué efeto?

Silvio   Las dos piernas le cortó,
con aire y airada mano,
de un revés.

Albano   ¡Bravo rigor!

Riselo   Sentóse en tierra sin ellas
el que las puso mejor
al parar en la carrera.

Silvio   Y el animal que formó
Naturaleza más bello
para dar envidia al Sol;

porque, a tenerle su carro,
no despeñara a Faetón.

(Ciro y Mitrídates.)

Ciro

Ya, vasallos, el agüero
en mi caballo cayó:
tal es el temor y engaño
de la humana condición.
Él es muerto y yo soy vivo:
conque el agüero cesó;
que no hay fortuna contraria
que no la venza el valor.

Mitrídates

Conozco y todos conocen
tu valiente corazón;
pero cuando avisa el cielo,
¿quien no ha de tener temor?
¿Qué rey murió sin cometa?
¿A qué fatal destrucción
no precedieron presagios?
¿Qué infante en el pecho habló
que no sucediesen guerras?

Ciro

Pues, padre, en la guerra estoy.

(Bato)

Bato

Dame tus Reales pies,
Capitán, cuyo blasón
ya le temen los dos polos.

Ciro

¡Oh, Bato, mi embajador!
¿Diste la carta al tirano

de mi vida?

Bato   Y respondió,
con injuria de los dioses,
que dará satisfacción
presto a tu loca arrogancia.
Pero ¡mira cómo Dios,
cuando los hombres castiga
por algún notable error,
les ciega el entendimiento!
Pues la memoria perdió
del hijo muerto de Arpago,
y vienen juntos los dos,
fiándole la más parte
del ejército, que yo
vi formar en escuadrones,
que pudiera dar temor
a los feroces gigantes
de la torre de Nembrot.

Filis   ¡Oh, fuerte Ciro! No esperes
este primero furor.
Retira tu gente adonde
puedas con la dilación
hace mayor tu defensa
y su peligro menor.

Ciro   Por mirar a un caballero
que de un caballo feroz
se apea, no te respondo.
De paz las señales son.

Filis   ¡Ay, Ciro! Mi hermano es éste.
Escóndete.

(Retírase Filis. Arpago.)

Ciro

                        ¿Qué ocasión
te la ha dado, noble Arpago,
para hacerme este favor?

Arpago

          El rey tu abuelo, Ciro valeroso,
no solo airado de que no eres muerto,
mas de entender que intentas animoso
de dalle la batalla a campo abierto;
con saber que del tuyo numeroso
el dilatado monte está cubierto,
por ser bisoña gente, determina
ver a qué parte Júpiter se inclina.
    Y ardiendo en ira de que tú dijeses
que una parte del reino le darías
en que viviese luego que rey fueses
pues el justo respeto le perdías,
como de espigas las doradas mieses
de Julio miran los postreros días,
cubrió los campos de la gente propia,
conducida a la gente de Etiopía.
    Treinta mil hombre tuvo en breve plazo,
de a caballo los diez, de a pie los veinte,
de alfanje al lado y arco persa al brazo,
o el fresno al ristre del arnés luciente.
Las varias plumas en diverso lazo
compiten a la fénix del Oriente;
de suerte que, confusas las colores,
parecen campos de diversas flores.
    Como primero que a la blanca aurora
enrubie el Sol las cándidas guedejas,
de sus vivientes átomos colora

los blandos aires escuadrón de abejas,
así a la voz del atambor sonora
y a la trompa marcial marchan parejas
las armadas hileras, y el Sol mira
en cada morrión un Sol mentira.

De fogosos alígeros bridones,
que la máquina elevan corpulenta,
encintan lazos, crines y cordones;
que al más bruto animal la gala alienta:
y tan iguales van los escuadrones,
que donde aquél levanta el pie, le siente
el que le sigue con destreza tanta,
que no cubre más tierra que la planta.

En medio, las banderas son el alma
deste cuerpo que digo, donde el viento,
cuando respeta las divisas, calma,
y luego las convierte en su elemento.
El rey detrás, como al verde palma
resiste al tiempo, de su ley exento;
que la venganza, si en los años crece,
la más caduca edad rejuvenece.

Por no cansarte, digo que pudiera
el rey de Media conquistar a Troya,
si con Agamenón a recia fuera
por la venganza de la hurtada joya.
No es inconstancia la que el alma altera;
que la mitad del corazón apoya
nuestra amistad, sino saber que es cierto
que no te has de librar de preso o muerto.

Esto será:, si esperas enemigo
tan poderoso con tan flaca gente;
que yo solo podré morir contigo
cuando tu pecho intrépido lo intente.
Será la fe de verdadero amigo

polo en que estribe amor eternamente,
si en competencia del que sufre Atlante,
donde fuere cristal, seré diamante.
      Y porque en un estrago tan notable,
dicen que no ha de haber viva persona,
quiero llevar mi hermana donde entable
justa defensa a lo que el rey blasona;
porque es la guerra parca inexorable,
que a ninguno respeta ni perdona;
que si la pongo con defensa fuerte,
luego contigo abrazaré la muerte.

(Vase.)

Bato   Huye, señor; ¿qué esperas?

Ciro   No he sentido,
              Bato, que venga el rey tan poderoso;
              siento la ausencia con temor de olvido
              de aquel amor que conquisté dichoso.

Albano   ¡Agora, Ciro, amor!

Riselo   ¿Tienes sentido?

Silvio   Mira, señor, que es el huir forzoso.

Ciro   Dejadme solo aquí, porque recelo
              que de vuestro temor se ofende el cielo.

(Vanse todos menos Ciro.)

Ciro   Cuando la nave en el mar
              con fiera tormenta surca

los ondas, que con el viento
arenas y estrellas juntan,
¡Qué de varios pensamientos
en la bitácora turban
al piloto, que contempla
tocada de imán la aguja!
¡Qué cuidadosa que sirve,
y por todas partes cruza,
más turbada que obediente,
la mal prevenida chusma!
Cuál dice «amaina», cuál «vira»,
para que de presto acudan
a la troza, al chafaldete,
a la triza y a la amura,
entre los cables y amarras
no hay cosa que no confunda
el temor, y no, aprovechan
filácigas ni ataduras.
Con remolinos pretende
el mar que la nave suba,
a la que argentan estrellas,
por escalas de agua turbia;
hasta que, tranquilo el mar,
quiere el cielo que descubra
aquel brillador diamante
que paz en la gavia anuncia;
y aquel celestial topacio
tiende la melena rubia,
formando círculos de oro
entre las nubes purpúreas.
Así corre mi esperanza
con desesperada furia,
tormenta de pensamientos
en el mar de mis fortunas.

Sentémonos, pues, cuidados,
porque no deis en la dura
tierra con el grave peso,
aunque hay valor que le sufra.
Hable el alma, que preside
a las potencias, e infunda
su luz al entendimiento,
que oprimen sombras oscuras.
Apenas sueños despiertos
la imaginación confusa
fabrica por divertirme,
cuando el temor me deslumbra.

(Suenan toques de cajas en el aire.)

¡Cajas de guerra! ¿Qué es esto,
que por la región segunda
tocan del aire, y los ecos
a los dos polos resultan?
Las negras nubes se apartan
dando lugar que discurran
tropas de armados persianos,
que vanas sombras figuran.
Ya con lanzas, ya con rayos,
ya con espadas desnudas,
unos con otros pelean.
Ya se esparcen..., ya se ocultan.
Allí suenan instrumentos,
en cuyos ecos pronuncian
victoria los claros aires.
¡Qué confusiones, qué dudas!

(La voz de una sombra.)

La Voz	Ciro, no esperes al rey,
	huye, que es mejor que huyas
	que no que la vida pierdas.
Ciro	Mucho mi valor injurias.
	¿Quién eres?
La Voz	Tu padre soy.
Ciro	Con tu bajeza deslustras
	la majestad de mi madre,
	pues mi empresa dificultas.
	¡Mal haya el tirano abuelo,
	que por temer, pues me escuchas,
	le dio a tan bajo caballo
	yegua de tanta hermosura!
	que si me diera un Aquiles,
	¡viven las deidades sumas,
	que aun ellas mismas no estaban
	de mis hazañas seguras!
	Si tuviera al Sol por padre,
	como por madre la Luna,
	su fénix me viera el cielo
	sin abrasarme la pluma.
	¡Mal haya el tirano abuelo,
	mal haya una vez y muchas
	que un sátiro y una ninfa
	puso a una misma coyunda!
	Naciera yo todo Sol,
	sin faltarme parte alguna,
	con que, sin mojar los rayos,
	bebiera del mar la espuma.
	Vete, sombra, a tu descanso,
	vive la fúnebre tumba

de hombre vil, pues no mereces
como rey doradas urnas.

La Voz   Grandes desdichas te aguardan.

Ciro   Mientras que la vida dura,
contra valor no hay desdicha.
Déjame, sombra importuna.

(Pasa un cometa por el teatro.)

                  ¡Qué fiero cometa pasa!
todo parece que acusa
mi temerario valor,
y es lo que más me disculpa,
parece que allí me nombra,
entre sangrientas angustias,
el hijo de Arpago muerto.
¿Qué cosa, cielos, más justa
que vengar un inocente?
Pues, valor, o muere o triunfa.
Dios penetra pensamientos,
Dios los corazones juzga,
y a quien las vidas quitare,
Dios le quitará la suya.

(Filis, en corto, con espada, botas y espuelas, y soldados.)

Filis   Ciro, de mi hermano huyendo
porque no me hallase, fui
alejando de ti
y acercándome volviendo.
Él se fue ya, presumiendo
que me volví de temor

a la corte, y no era error
si yo la vida estimara:
pero no hay cosa tan cara
que no la desprecie amor.

Ciro   Filis, de tanta firmeza
no sé yo qué gracias darte.
Yo soy en la guerra Marte,
tú Venus en la belleza.
Coronaré tu cabeza
si la victoria me dan
los cielos.

Filis   Pienso que están
contrarios a tu fortuna,
si puede temer alguna
tan ilustre capitán.
    El rey viene poderoso,
cajas y trompetas suenan;
todos el valor condenan
con que esperas animoso.
El retirarte es forzoso
hasta prevenir mejor
quien esfuerce tu valor.

Ciro   Filis, agravio me hicieras
si tal consejo me dieras
menos que con tanto amor.
    Las cajas se acercan ya:
yo voy a ordenar mi gente.

Filis   Oye.

Ciro   Déjame.

Filis	Detente: tu vida en peligro está.
Ciro	El cielo la guardará.
Filis	Muévate, Ciro, mi amor.
Ciro	No puedo más.
Filis	¡Qué rigor!
Ciro	Filis, morir o vencer; porque es imposible haber desdicha contra el valor.
Filis	¡Oh amor! ¿Cómo temes tanto siendo todo corazón?
Ciro	Suspende, que no es razón, Filis, amorosa, el llanto.
Filis	No puedo decirte cuánto tengo en los ojos impresos tus atrevidos excesos.
Ciro	Quejaréme ¡oh luces bellas! que quieran vuestras estrellas pronosticar mis sucesos.
Filis	Si fueras, señor, tan mío como yo tu esclava soy, ya sé que dejaras hoy ese loco desvarío.

Ciro	Con justa razón confío.
Filis	Sin ella, muerte me das.
Ciro	¿Puedo ya volver atrás en hechos malos o buenos? Déjame intentar lo menos, que el cielo hará lo demás. 　Soldados, hoy quiero ver.
(Saca la espada.)	Lo que me habéis prometido. No os espanto que haya sido del rey mayor el poder. Yo he de morir o vencer: llevad siempre en la memoria la fama, el triunfo, la gloria de la alta empresa que sigo; que un poderoso enemigo hace mayor la victoria.

(Tocan y dase la batalla, huyendo los soldados de Ciro de los del rey, y éntranse. Filis y Bato.)

Ciro (Dentro.)	¡Así dejáis vuestro rey y vuestro amigo, traidores! ¿Así cumplís la palabra? ¿Falta amor, la fe se rompe? ¡Cobardes, huyendo vais!
Filis	¡Ay, Júpiter, que del monte, cubierto de flechas, baja Ciro entre peñas y robles!
Bato	Su gente cobarde huye,

y él la sigue dando voces.
Cayó en tierra. ¿Si está herido?

(Sale Ciro con algunas flechas clavadas en la rodela.)

Ciro   Persas, ¿dónde vais sin orden?
                Mataré...

Filis   Detén la espada.
                Filis soy, ¿no me conoces?

Ciro   ¡Oh Filis! Mi gente infame,
                las espaldas vueltas, corre;
                que nunca fueron las obras
                a las palabras conformes.

Filis   ¿Estás herido?

Ciro   No siento
                heridas, sino traiciones.
                Capitanes, yo soy Ciro;
                cese la infame desorden:
                soldados, yo soy el rey,
                vivo estoy: ¿qué os descompone?
                Las mujeres os infaman
                con afrentosas razones;
                ¿quién hay que oiga sus afrentas
                y a la batalla no torne?

(Arpago y soldados.)

Arpago   Ánimo, valiente Ciro,
                que ya Arpago, te socorre;
                mi gente paso a la tuya:

los escuadrones recoge;
que, aunque publica victoria
el rey, si al paso te pones
del monte, harás por lo menos
que no los rinda y despoje.

Ciro   ¡Oh Arpago amigo, cumpliste
la palabra como noble!
Aunque parezco vencido,
no lo estoy mientras informe
el alma esta vida. Tengo
justa esperanza en los dioses.
Dellos soy hijo; estas flechas
te dirán que no soy hombre.
Diamantes tengo por alma
en pecho y manos de bronce,
ninguna dellas me ha herido,
Marte detuvo sus golpes;
no pasan mortales flechas
a divinos corazones.
Mi gente vuelve; que, en fin,
no hay cosa que los provoque
como ver que las mujeres
los afrenten y deshonren.
¡Ea, soldados, al arma!
¡Ah, cómo vuelven feroces!

Arpago   León capitán de liebres,
hará las liebres leones.

(Éntranse. Tocan y vuélvese a dar la batalla, saliendo y entrando como suelen.
Ciro, el rey, Arpago, Filis, con el rostro cubierto, Mitrídates, Bato y soldados.)

Rey   Midió mi soberbia el suelo.

La espada, Ciro, detén,
que no puede estarte bien
matar a tu mismo abuelo.
En vano se opone al cielo
poder mortal; no me des
la muerte, pues ya no es
venganza, sino bajeza,
pues siendo yo tu cabeza,
me estás mirando a tus pies.

Ciro   Levántate.

Rey   Para estar
de rodillas.

Ciro   Eso no;
que ningún hombre venció
si no supo perdonar.

Rey   Aun no me dejan hablar
las lágrimas para darte
las gracias.

Ciro   Fuera olvidarte
de que antes me has obligado
rendido, porque me has dado
ocasión de perdonarte;
   porque es tan alta la gloria
de perdonarte vencido,
que hasta este punto no ha sido
verdadera la victoria.
Que puesto que la memoria
de tus crueldades pedía
la pena que merecía,

¿cómo quitarte podré
aquella vida que fue
el principio de la mía?

Casaste con hombre vil
mi madre porque lo fuera
el que della procediera,
que fue prevención sutil;
mas yo en su pecho gentil,
como el alma lo sabía,
viendo que hombre vil nacía,
dejé la del padre aparte,
y solo saqué la parte
que de mi madre tenía.

Que aunque es en la formación
el padre primera forma,
Dios, que las almas informa,
trocó la primera acción
en su vientre. Tu intención
tanto al cielo se declara,
que desde entonces me ampara;
porque, a no nacer a ley
de todo príncipe o rey,
allá dentro me quedara.

De suerte que haberme dado
padre humilde entonces, es
más agravio que después
mi muerte solicitado
En fin, lo que no me has dado,
que es vida, abuelo, te doy;
vive, pues que vivo estoy;
no dejes de ser por mí,
pues finalmente por ti
soy todo aquello que soy.

Para que pases la vida

una ciudad te daré
de mi reino, donde esté
tu persona bien servida,
y la mía defendida
de algún loco desvarío;
que ya de ti no me fío,
porque estás a toda ley
más enseñado a ser rey
que no a ser abuelo mío.

  ¿Qué nombre a tus hechos das?
¿Qué historia, qué fama esperas,
pues hallé piedad en fieras,
y en tus entrañas jamás?
Pero con esto no más,
por no ofender la esperanza
que te da mi confianza;
que, aunque el cuerpo no lo sienta,
el que de palabra afrenta,
toma del alma venganza.

Rey   Yo daré con humildad
a tu imperio la obediencia
que verá el mundo.

Ciro   Ya, Arpago,
llegó ocasión a tus quejas,
pues no he vengado a tu hijo.

Arpago   Antes agravio me hicieras
en no darme parte a mí
de la piedad y grandeza
con que has perdonado al rey;
y te suplico que seas
tan piadoso, que me des

de aquesta piedad la media
para que perdone al rey.

Ciro   ¡Palabras de tu nobleza!
¿Dónde está Filis?

Bato   Aquí,
con esta banda cubierta.

Filis   Yo soy tu esclava.

Ciro   Soldados,
la hermana de Arpago es reina.

Filis   Pagaste mi amor.

Arpago   Y el mío.

Ciro   Y aquí dio fin el poeta,
que aun vive para serviros,
a su historia verdadera
fiado en vuestro valor,
por que llamarse pudiera
Contra valor no hay desdicha;
y el primero rey de Persia.

Fin de la comedia

Libros a la carta

A la carta es un servicio especializado para
empresas,
librerías,
bibliotecas,
editoriales
y centros de enseñanza;
y permite confeccionar libros que, por su formato y concepción, sirven a los propósitos más específicos de estas instituciones.

Las empresas nos encargan ediciones personalizadas para marketing editorial o para regalos institucionales. Y los interesados solicitan, a título personal, ediciones antiguas, o no disponibles en el mercado; y las acompañan con notas y comentarios críticos.

Las ediciones tienen como apoyo un libro de estilo con todo tipo de referencias sobre los criterios de tratamiento tipográfico aplicados a nuestros libros que puede ser consultado en Linkgua-ediciones.com.

Linkgua edita por encargo diferentes versiones de una misma obra con distintos tratamientos ortotipográficos (actualizaciones de carácter divulgativo de un clásico, o versiones estrictamente fieles a la edición original de referencia).

Este servicio de ediciones a la carta le permitirá, si usted se dedica a la enseñanza, tener una forma de hacer pública su interpretación de un texto y, sobre una versión digitalizada «base», usted podrá introducir interpretaciones del texto fuente. Es un tópico que los profesores denuncien en clase los desmanes de una edición, o vayan comentando errores de interpretación de un texto y esta es una solución útil a esa necesidad del mundo académico.

Asimismo publicamos de manera sistemática, en un mismo catálogo, tesis doctorales y actas de congresos académicos, que son distribuidas a través de nuestra Web.

El servicio de «libros a la carta» funciona de dos formas.

1. Tenemos un fondo de libros digitalizados que usted puede personalizar en tiradas de al menos cinco ejemplares. Estas personalizaciones pueden ser de todo tipo: añadir notas de clase para uso de un grupo de estudiantes, introducir logos corporativos para uso con fines de marketing empresarial, etc. etc.

2. Buscamos libros descatalogados de otras editoriales y los reeditamos en tiradas cortas a petición de un cliente.